Quand fleurir est un art

CHÂTEAU DE CHAUMONT-SUR-LOIRE

The art of flower arranging

Quand fleurir est un art

CHÂTEAU DE CHAUMONT-SUR-LOIRE

The art of flower arranging

stichting
kunstboek

Avant-propos

Les fleurs et l'art floral ont toujours joué un rôle important dans l'histoire du Château de Chaumont-sur-Loire. Si l'on peut seulement imaginer tous les raffinements présents, en ces lieux, au temps de Catherine de Médicis et de Diane de Poitiers, l'on a des témoignages précis, liés à l'époque du prince et de la princesse de Broglie, dont on connaît la passion pour les plantes, les collections végétales et notamment les orchidées. Dans la continuité de ces temps où le végétal participait au décor et à la magnificence du château, l'événement « Quand fleurir est un art » propose, chaque année, en octobre, des installations florales contemporaines, spectaculaires et poétiques, respectant l'esprit des lieux. De grands artistes du végétal, français et étrangers viennent ainsi confronter leur imaginaire à la poésie des salons et des chambres qui leur sont proposés et laissent libre cours à leur sensibilité et leur créativité, en réalisant des compositions toutes plus spectaculaires les unes que les autres.

Ces designers floraux sont de véritables artistes maniant la matière florale, ses couleurs et ses nuances, comme un peintre utilise ses gouaches. Leur audace, leur créativité, leur connaissance des plantes et des fleurs leur permettent de réaliser la prouesse d'une création qui défie le temps, en raison de la fragilité de la matière originelle de l'œuvre. Émerveiller, faire rêver, frapper l'imaginaire du public, tel est l'objectif de ces journées, où s'allient harmonieusement le patrimoine et le vivant, dont les images se gravent à jamais dans les esprits. La vocation de cet ouvrage est de garder des traces de ces instants éphémères et parfaits et d'en entretenir la mémoire vive.

Chantal Colleu-Dumond
Directrice du Domaine de Chaumont-sur-Loire

Foreword

Flowers and floral art have always played a significant role in the history of Château de Chaumont-sur-Loire. Imagine the exquisite floral creations that must have adorned the castle during the time of Catherine de Medici and Diane de Poitiers. Testimonies from the era of the Prince and Princess de Broglie reveal their deep passion for plants and plant collections, including orchids. Today, the tradition continues with The Art of Flower Arranging, a floral design event held every October. It showcases contemporary, spectacular, and poetic floral installations that pay homage to the castle's spirit and history. It serves as a reminder of the era when flowers and plants were integral to the castle's decor, adding to its magnificence.

Experience the spectacular creations of talented floral designers from France and abroad, as they bring their imagination and artistry to life in the elegant salons and rooms of the castle. These floral artists, like painters with their brushes, utilize ephemeral floral materials to craft breathtaking compositions that defy time. Their daring ideas and expert knowledge of plants and flowers allow them to create awe-inspiring designs that charm the senses and captivate the public's imagination. The Art of Flower Arranging celebrates the old and the new, marrying heritage with contemporary design, to leave lasting memories that will forever enchant the mind. This book serves as a keepsake to preserve these fleeting moments of perfection and forever etch the vibrant beauty of the floral designs in our minds.

Chantal Colleu-Dumond
Director of the Domaine de Chaumont-sur-Loire

Table des matières   Table of contents

La Chambre dite « de Ruggieri »

Cette pièce est ainsi nommée en raison d'un signe figurant sur le manteau de la cheminée : la lettre grecque delta (initiale de Diane) et trois cercles ou trois lunes pleines. Cette sculpture a d'abord été interprétée comme un signe cabalistique de Ruggieri, l'un des astrologues de la reine Catherine de Médicis, mais il pourrait être également une évocation de Diane de Poitiers, puisque dans la mythologie romaine, Diane est la déesse lunaire.

Un lit à ciel suspendu de la fin du XVIIème siècle, un portrait présumé de Cosimo Ruggieri du XVIIème siècle, une curieuse chaire du XVème siècle, évoquant à travers trois paliers différents, la position hiérarchique du seigneur et de sa famille ou la position des membres du clergé, et un cabinet ouvrant à un tiroir et ceinture, avec un abattant à serrure daté du premier quart du XVIIème siècle, complètent l'aménagement de cette chambre.

Cette pièce présente une cheminée polychrome du XVème siècle, qui rappelle que toutes les cheminées étaient autrefois peintes, et des murs construits à la fois en brique et en pierre, selon un procédé courant au début du XVIème siècle.

The so-called Ruggieri Room

This room received its name thanks to a symbol on the mantle of the fireplace: the Greek letter delta (initial of Diana) and three circles or three full moons. This sculpture was initially interpreted as a cabalistic sign of Ruggieri, one of the astrologers of Queen Catherine de Medici, but it could also be an evocation of Diana of Poitiers, since in Roman mythology, Diana is the goddess of the moon.

A late seventeenth century bed with suspended canopy, a seventeenth century portrait presumed to be Cosimo Ruggieri, a peculiar fifteenth century "throne", evoking in three different levels, the hierarchical position of the lord and his family or the position of the members of the clergy, and a cabinet with an inserted drawer and a lockable lid dating from the first quarter of the seventeenth century, complete the furniture of this room.

The Ruggieri room has a polychromatic sixteenth century fireplace, which reminds us of the fact that all fireplaces were once painted, and walls built from both brick and stone, according to a process common in the early sixteenth century.

La Chambre dite « de Catherine de Médicis »

Cette chambre est nommée ainsi par la famille de Broglie en raison de l'acquisition du Château par la reine en 1550. Au XVIème siècle, cette salle pouvait servir de chambre d'apparat, de salle de repas, de cabinet de toilette ou de salon de réception.

La chambre présente la plus ancienne tapisserie conservée dans les collections du Château, tissée à Tournai à la fin du XVème siècle (*L'Histoire de Persée et de Pégase*). On peut également remarquer le portrait en pied de Catherine de Médicis (copie réalisée au XIXème siècle), une tapisserie de la manufacture des Flandres de la fin du XVIème siècle (*L'Histoire de David et Abigail*) ainsi qu'un remarquable lit du XIXème siècle, de style Henri II, très richement sculpté. L'agencement de cette salle est également constitué d'une chaire du XVIème siècle, ainsi que d'une armoire située à proximité du lit dont la façade datée du XVème siècle évoque une iconographie caractéristique de cette période : au registre supérieur, les trois vertus théologales (foi, espérance, charité) et les quatre saisons ; au registre inférieur, les cinq sens.

The so-called Catherine de Medici Room

This room is named as such by the de Broglie family to commemorate the acquisition of the castle by the queen in 1550. In the sixteenth century, this room could serve as a state room, dining room, powder room or reception room.

The room boasts the oldest tapestry preserved in the collections of the castle, woven in Tournai in the late fifteenth century (The History of Perseus and Pegasus). It also features a full-length portrait of Catherine de Medici (copy made in the nineteenth century), a late sixteenth century Flemish tapestry (The History of David and Abigail) and a remarkable nineteenth century, elaborately carved Henry II style bed. The room is also furnished with a sixteenth century chair, as well as a wardrobe, located near the bed, with carved fronts that date from the fifteenth century and evoke an iconography characteristic of this period, with in the upper register, the three theological virtues (faith, hope, charity) and the four seasons, and in the lower register, the five senses.

Rudy Casati >

p. 20-25 : Rudy Casati

Charline Pritscaloff >

a Salle du Conseil

La salle du conseil est aux XVème et XVIème siècles la salle d'apparat. Elle accueille les moments les plus importants de la vie seigneuriale comme les audiences, les jugements ou les festins.

Les Broglie apportent un soin particulier à l'aménagement et à la décoration de cette pièce et commandent à leur architecte, Paul-Ernest Sanson, la réalisation de bancs fixes et d'un plafond polychrome où apparaît, sur la poutre centrale, leur blason (d'or au sautoir ancré d'azur). De chaque côté, mélangées au décor floral, apparaissent les initiales « B » pour la famille de Broglie et « S » pour la famille Say, nom de jeune fille de la princesse.

Cette pièce reçoit également, au sol, une œuvre d'art majeure : un carrelage dit Majolique.

The Council Chamber

During the fifteenth and sixteenth centuries the council chamber was the official state room, where the most important moments of seigneurial life were hosted, such as audiences, judgments or feasts.

The de Broglies paid particular care and interest to the decoration of this room and commissioned their architect, Paul-Ernest Sanson, to create fixed benches for the walls, and a polychromatic ceiling where their coat of arms (gold with an azure cross moline) appears on the central beam. On each side, mixed with the floral decoration, are the initials "B", for the de Broglie family, and "S" for the Say family, maiden name of the princess.

The floor of this room is adorned with an impressive work of art in Majolica tiling.

Gilles Pothier >

p. 34-39 : Makoto Azuma

Charline Pritscaloff >

L'Escalier d'honneur

Dès la fin du XIVème siècle, l'escalier devient en France un élément de prestige définissant la demeure et permettant d'accéder aux pièces de réception, généralement situées à l'étage.

Construit dans les années 1500, l'escalier d'honneur de Chaumont reprend le parti traditionnel d'une vis, logée dans une tour polygonale. À l'origine, la tour était en saillie sur la façade et s'ouvrait sur trois faces. La construction d'une galerie extérieure au XVIIIème siècle et la modification des proportions de la couverture au XIXème siècle, ont considérablement modifié son aspect primitif.

Son décor sculpté assimile à la fois le répertoire gothique et celui de la Renaissance : colonnes prismatiques sur le noyau central, supportant des crochets feuillagés ou des coquilles italianisantes.

Cet escalier permet d'accéder aux divers espaces du Château consacrés à l'art contemporain, non meublés, parmi lesquels l'ancienne chambre de la princesse de Broglie, devenue galerie d'art ainsi que la Galerie digitale située dans le comble de l'aile est.

The Grand Staircase

In late fourteenth century France, the staircase became a feature of prestige, defining the residence and providing inhabitants and guests with access to the reception rooms, which were usually upstairs.

Built in the 1500s, the grand spiral staircase of Chaumont is housed in a polygonal tower. Originally, the tower jutted out from the facade and was open on three sides. The construction of an outdoor gallery in the eighteenth century and the modification of the proportions of the roof in the nineteenth century, significantly modified the stair's original primitive appearance. Its carved decor includes both the Gothic and Renaissance repertoires: prismatic columns on the central core, supporting crockets in the shape of curled leaves, or Italianesque shells.

This staircase leads up to various unfurnished parts of the castle devoted to contemporary art, including the former bedroom of Princess de Broglie, now an art gallery, as well as the Digital Gallery located on the top floor of the East Wing.

a Salle à manger

Cette salle longue de 17 mètres était au début du XIXème siècle affectée à la cuisine et l'office des domestiques. Les Broglie aménagent cette pièce en salle à manger dans les styles des XVème et XVIème siècles, avec une cheminée néo-gothique, un plafond polychrome et y apportent tous les aménagements modernes liés aux notions de confort de l'époque : eau courante, électricité et système de chauffage par le sol fonctionnant grâce à un calorifère.

La salle à manger possède une remarquable cheminée réalisée par Antoine Margotin, élève de l'architecte Paul-Ernest Sanson, où figure l'essentiel du répertoire sculpté présent sur les façades extérieures du château (montagne en flammes « Mont Chaud », double « C » de Charles II d'Amboise, armoiries du cardinal Georges d'Amboise). On y trouve aussi deux tapisseries : *Le Jugement de Pâris* (XVème siècle) et *L'Histoire d'Énée* (XVIème siècle) ainsi qu'un coffre du XVème siècle illustrant sur un cuir le combat de David et Goliath.

The Dining Room

This 17-meter-long room was originally used as a kitchen and for servant's duties. But the de Broglies converted this room into a dining room, refurbished in the styles of the fifteenth and sixteenth centuries, with a neo-Gothic fireplace and a polychromatic ceiling. They updated the room with all modern amenities related to the notion of comfort of their time: running water, electricity and an underfloor central heating system.

There is a remarkable fireplace in the dining room by Antoine Margotin, who studied under the architect Paul-Ernest Sanson. This features the majority of the sculpted repertoire on the outside of the Château (burning mountain "Mont Chaud", the double "C" of Charles II d'Amboise, the coat of arms of Cardinal Georges d'Amboise). Also on display in this room are two tapestries: The Judgement of Paris *(sixteenth century) and* The Story of Aeneas *(seventeenth century), as well as a sixteenth century chest illustrating the battle of David and Goliath on a hide.*

Tomas De Bruyne >

p. 56 : Tomas De Bruyne

Frédéric Dupré >

Gilles Pothier >

p. 68 : Gilles Pothier

Pascal Mutel >

La Bibliothèque

Cette pièce est également baptisée « Salon d'Automne » par le prince de Broglie. Il reste peu d'éléments de ce décor car l'essentiel a été détruit lors d'un incendie survenu en juin 1957.

Les archives iconographiques et manuscrites mentionnent que l'ensemble des murs était recouvert d'une étoffe jaune à grands motifs floraux, ainsi que des rayonnages, et disposait d'une cheminée à décor de pilastres et de colonnes, dotée d'un bas-relief représentant un homme en armure et d'un fronton sculpté.

De nos jours, cette salle présente un mobilier époque Napoléon III dont une pièce d'ameublement extrêmement rare, appelée « un indiscret ». De forme hélicoïdale, ce fauteuil permettait à trois femmes de converser ensemble. Les murs sont garnis de deux tapisseries représentant deux épisodes de la vie d'Alexandre le Grand, tissées au XVIIème siècle par la Manufacture royale d'Aubusson, d'après les cartons de Charles Lebrun, premier peintre du roi Louis XIV : *La Soumission de la famille de Darius* et *La Rencontre de Porus et d'Alexandre*.

The Library

This room was named "Salon d'Automne" by the Prince de Broglie. There are very few elements of its original decoration left, as most of it was destroyed during a fire in June 1957.

Written and pictorial archives mention that all of the walls were covered in yellow fabric with large floral motifs, as well as plenty of shelving, and that it had a fireplace decorated with pilasters and columns, with a bas-relief representing a man in armour, and a sculpted pediment.

Nowadays, the room has furniture dating from the era of Napoleon the Third, including a very rare piece of furniture known as an "indiscret". Helically shaped, this three-way chair allowed three women to sit and converse together. The walls are decorated with two tapestries representing two episodes of the life of Alexander the Great, woven in the seventeenth century by the Royal Manufacture of Aubusson, after sketches of Charles Lebrun, the first painter of King Louis XIV: The submission of the family of Darius *and* The encounter between Porus and Alexander.

Sébastien Dossin >

p. 76 : Sébastien Dossin

La Salle de Billard

La salle de billard était évidemment réservée à ce jeu et servait également de lieu de rendez-vous des hommes, qui venaient y fumer un cigare après un copieux repas et parler politique. Il s'agit de l'une des rares pièces du Château à avoir conservé son plafond polychrome du XIXème siècle avec un décor librement inspiré de la Renaissance : cartouches et deux « C » entrelacés en référence à Charles II de Chaumont-Amboise.

Sur la poutre maîtresse figurent, de chaque côté, trois vues du Château tel qu'il était à l'époque de la famille de Broglie, et sur les corbeaux à chaque extrémité, le blason de la famille Chaumont-Amboise (palé d'or et de gueules) et celui de la famille de Broglie (d'or au sautoir ancré d'azur).

Deux tapisseries tissées au XVIème siècle à Bruxelles représentent des épisodes de la vie d'Hannibal : *La prise de Sagonte par Hannibal* et *Hannibal montrant à ses lieutenants la plaine du Pô*.

he Billiard Room

The billiard room was obviously reserved for playing billiard and also served as a meeting place for men, who came here to smoke a cigar after a copious meal and talk politics. It is one of the few rooms of the castle to have preserved its nineteenth century polychromatic ceiling with a decoration freely inspired by the Renaissance: cartouches and two interlaced C's in reference to Charles II of Chaumont-Amboise.

The main beam features, on each side, three views of the castle as it was at the time of the de Broglie family. The corbels at each end, showcase the coat of arms of the Chaumont-Amboise family (pales in gold and gules) and that of the de Broglie family (gold with azure cross moline).

Two tapestries woven in the sixteenth century in Brussels depict two episodes from Hannibal's life: The capture of Sagunto by Hannibal *and* Hannibal showing his lieutenants the Po Valley.

Charline Pritscaloff >

Clarisse Béraud >

Le Grand Salon

Largement ouvert sur la Loire, à l'extrémité de l'aile Ouest, le décor du Grand Salon est créé par Jules Potier de la Morandière, architecte du vicomte Joseph Walsh dont la famille est propriétaire du domaine de Chaumont juste avant les Broglie. C'est au vicomte Joseph Walsh que l'on doit la cheminée polychrome ornée du porc-épic, symbole du roi Louis XII, ainsi que les lambris en partie basse de la pièce, à décor de serviettes pliées. Le prince et la princesse de Broglie conservent l'essentiel des décors et font poser sur l'ensemble des murs une brocatelle de soie jaune récemment restituée, comparable à celle de la salle de billard.

L'ensemble du mobilier comprend un confident, une fumeuse et une table à thé, entre autres, de divers styles et époques. Il permet d'apprécier l'ambiance caractéristique d'un certain art de vivre dans un milieu fortuné de la fin du XIXᵉᵐᵉ siècle, avec une accumulation des pièces d'ameublement.

Rudy Casati >

he Great Salon

The Great Salon sits at the extremity of the West Wing and overlooks the Loire. Its decoration is the work of Jules Potier de la Morandière, architect of Viscount Joseph Walsh, whose family owned Chaumont just before the de Broglies. Viscount Joseph Walsh was responsible for the polychrome fireplace with the porcupine (the emblem of King Louis the Twelfth), as well as the wood paneling around the lower part of the wall, which has a linenfold decoration. The Prince and Princess de Broglie kept most of the decoration and had most of the walls covered with a yellow brocatelle comparable to that in the billiard room.

The furniture comprises a canape confident, a fumeuse chair and a tea table, among others, of various styles and eras. This accumulation of pieces of furniture and eclectic furnishings allow us to get a taste of the characteristic atmosphere and lifestyle of the wealthy in the late nineteenth century.

p. 93 - 97 : Pascal Mutel

p. 108 : Pascal Mutel

Pascal Mutel >

Les Écuries

Durant la seconde moitié du XIXème siècle, au sein de l'aristocratie, le cheval occupe une place prééminente. Il est nécessaire à l'organisation des chasses à courre et encore le moyen le plus répandu de traction. Le noble seigneur affiche ses armes peintes sur sa voiture et montre la magnificence des livrées de ses valets de pied.

En 1877, le couple princier confie à l'architecte de renom, Paul-Ernest Sanson, la réalisation d'écuries qui se doivent d'être somptueuses et les plus modernes d'Europe. Le maître d'œuvre opte pour un ensemble en brique et pierre – la brique est utilisée couramment à la fin du XIXème dans la construction des palais équins – mais réutilise cependant un élément sculptural ancien, visible sur les façades du château : une frise sculptée où alternent le double « C » de Charles II de Chaumont et la montagne en flammes.

Deux écuries sont édifiées, la plus grande à l'usage des châtelains, l'autre réservée à leurs invités.

he Stables

Horses were still of prime importance during the second half of the nineteenth century. They were necessary for the organization of hunts and were used as draft animals. Noble lords would have their coats-of-arms emblazoned on their carriages and show off the magnificence of their footmen's livery.

In 1877, the princely couple entrusted renowned architect Paul-Ernest Sanson with the design of the stables, that not only had to be luxurious but also the most modern stables in Europe. The architect opted for a brick and stone structure – brick was commonly used in the late nineteenth century in the construction of equine palaces – but also copied and reused a sculptural feature from the facades of the castle: a carved frieze alternating a double C of Charles II de Chaumont, and a burning mountain.

Two stables were built, the largest was used by the lords of the castle, while the smaller one was reserved for their guests.

Makoto Azuma

Né en 1976 à Fukuoka, Makoto Azuma est un fleuriste japonais devenu artiste floral. À partir de 2002, il s'installe comme fleuriste « haute couture » en créant une boutique, Jardins de Fleurs, dans le quartier de Ginza, à Tokyo. La boutique se trouve désormais dans le quartier de Minami-Aoyama. Parallèlement à cette activité de fleuriste, il se tourne, dès 2005, vers l'expression artistique autour du végétal en créant ce qu'il appelle les « sculptures botaniques ». Très rapidement, ses créations commencent à attirer l'attention, tant au Japon qu'à l'étranger. Il est invité à présenter son travail dans le cadre d'expositions personnelles à New-York, Paris et Düsseldorf. En 2009, il crée un collectif expérimental autour de la création végétale, le studio AMKK, avec Shunsuke Shiioki. Il multiplie dès lors la présentation de son travail dans des musées, des galeries d'art, des lieux publics à Milan, en Belgique, à Shanghai, à Mexico, etc. Depuis quelques années, il s'investit avec passion dans des projets artistiques, qui lui permettent de mettre les fleurs en scène dans des situations inhabituelles, artificielles, à l'image des « herbiers contemporains » qu'il compose. Sa quête : continuer de mettre en lumière, de façon très personnelle, la beauté des fleurs.

Born in 1976 in Fukuoka, Makoto Azuma is a Japanese florist turned floral artist. In 2002, he set up his own "haute couture" flower boutique, Jardins de Fleurs, in the Ginza district of Tokyo. The shop is now located in the Minami-Aoyama district. Alongside his work as a florist, in 2005 he turned to the artistic expression of plants, creating what he calls "botanical sculptures". The designer's work garnered rapid recognition in Japan and beyond. His talent has earned him invitations to showcase his creations in solo exhibitions across New York, Paris, and Düsseldorf. In 2009, he set up the AMKK studio with Shunsuke Shiioki, an experimental collective focusing on plant creation. Since then, he has exhibited his work in museums, art galleries and public spaces in Milan, Belgium, Shanghai, Mexico City and elsewhere. For some years now, he has been passionately involved in artistic projects that allow him to stage flowers in unexpected, alien and artificial situations, like the "contemporary herbariums" he creates. It is his quest to continue to highlight the beauty of flowers in a very personal way.

Clarisse Béraud

Clarisse Béraud est une figure féminine emblématique de l'univers des fleuristes et également reconnue à l'échelle internationale, notamment au Japon où elle intervient très régulièrement dans de nombreuses émissions télévisées. Sa longue expérience fait d'elle une référence en matière de création de design floral bucolique et poétique. Elle doit son succès à son sens de l'élégance, qu'elle met en évidence et en toute simplicité dans ses créations végétales, mais également dans ses choix floraux insolites, raffinés et toujours en chinant la rareté des essences.

Clarisse Béraud est une femme qui aime prendre les chemins de traverse, ceux qui vous emmènent dans un jardin raffiné où la simplicité de la nature exprime l'envergure de sa beauté...

« J'aime dénicher dans les haies l'églantine, le bonnet d'évêque, les ronces qui apporteront spontanéité et légèreté au bouquet. Mes relations mondaines sont les roses parfumées et les pivoines, mes amies plus discrètes se nomment anémone, astilbe, clématite ou digitale.

J'aime aussi les fleurs mal aimées, recueillant au fil des campagnes et des saisons des ravenelles, bourses à pasteur, dyll et autres crucifères, ombellifères ou graminées qui constitueront un feuillage original.

Si la pensée, le myosotis, la primevère, la linaire cymbalaire sont mes complices, j'affectionne aussi ces fleurs des bouquets d'enfants... Et la nostalgie des courtes tiges que seuls les petits doigts savent trouver et amadouer.

Mon secret ? Mes compositions se font toutes seules, dictées par ma seule curiosité.

Je coupe, ramasse presque n'importe quoi : écorces brutes, végétaux fauchés... Si le vent a plié une tige, j'improvise autour de cet accident et, telle une histoire, le bouquet se lie et se raconte autrement ».

Clarisse Béraud, créatrice de la Maison Vertumne.

Clarisse Béraud is an emblematic figure in the world of floral design, and is also recognised internationally, particularly in Japan, where she appears regularly on television shows. Her many years of experience have made her a benchmark when it comes to creating bucolic and poetic floral designs. She owes her success to her sense of elegance, which she brings to the fore in all simplicity in her plant creations, but also in her unusual, refined floral choices, always seeking out the rarest essences. Clarisse Béraud likes the less-travelled paths – ones that lead to exquisite, unpretentious gardens that showcase the tremendous splendor of nature's diversity.

"I like to find rosehips, bishop's bonnets and brambles in the hedgerows to bring spontaneity and lightness to the bouquet. My more social friends are fragrant roses and peonies, while my more discreet friends are anemone, astilbe, clematis or foxglove... During the season, I enjoy gathering overlooked or unloved flowers and herbs amidst the fields, such as wild radish, shepherd's purse, dill and other crucifers, umbellifers and grasses to craft original foliage.

Pansies, forget-me-nots, primroses, and toadflax are just a few of my accomplices in the creative process. I am also drawn to the flowers found in children's field bouquets – the nostalgia of their short stems, that only little fingers can

find and coax into a charming arrangement.
What's my secret? I let my curiosity guide me as I create my own compositions. There are no rules or set formulas for what I gather, as I cut and use almost anything I come across – from raw bark to mown plants. If the wind has bent a stem, for example, I embrace the fact and let it shape my arrangement. In this way, each bouquet becomes its own story".
Clarisse Béraud, founder of Maison Vertumne

Timo Bolte

Timo Bolte est un designer floral allemand de talent, qui vit et travaille à Londres. Son travail artistique a été récompensé par de nombreux prix, notamment un Prix spécial au Japon et une médaille d'or au concours Marriott Black Box. Il a participé aux épreuves qualificatives de la Coupe du monde Fleurop-Interflora afin de représenter l'Allemagne, a été primé lors de la Coupe autrichienne et de la Coupe Alpe Adria et a gagné une médaille de bronze au Singapore Garden Festival en 2018. Il a été directeur artistique de l'hôtel Ritz-Carlton de Vienne, pendant plus de quatre ans, ce qui lui a permis de vivre des expériences extraordinaires et de proposer des décorations florales élégantes en choisissant les meilleurs matériaux, avec rigueur et exigence, afin d'entraîner les clients de l'hôtel dans un monde théâtralisé, unique, propice à l'imagination. Il a vécu à Tokyo, ce qui lui a permis de développer des liens étroits avec les pays asiatiques voisins, notamment Taïwan, la Chine et la Corée du Sud. Il participe également à la création d'une école de fleuristes à Mexico, Pékin et Shanghai et organise des séminaires à travers toute l'Europe, la Russie et le Moyen-Orient.

Timo Bolte is a talented German floral designer who lives and works in London. His artistic floral designs have won numerous awards, including a Special Prize in Japan and a Gold Medal at the Marriott Black Box competition. He took part in the Fleurop-Interflora World Cup qualifiers to represent Germany, won awards at the Austrian Cup and the Alpe Adria Cup and won a bronze medal at the Singapore Garden Festival in 2018. As the artistic director of the prestigious Ritz-Carlton Hotel in Vienna for over four years, he curated extraordinary experiences and elevated the hotel's ambiance with his elegant floral decorations. He carefully handpicked the finest materials with utmost attention to detail and standards to create a theatrical and unique world for the hotel guests, stimulating their imagination and leaving a lasting impression. While living in Tokyo, Timo Bolte has forged strong connections with other Asian nations, such as South Korea, Taiwan, and China. He has directed the establishment of floristry academies in Mexico City, Shanghai, and Beijing, and has conducted seminars across Europe, Russia, and the Middle East.

Rudy Casati

Rudy Casati est issu d'une famille liée à la culture des plantes depuis quatre générations et il décide, dès son plus jeune âge, de travailler dans le monde des fleurs et des plantes. Il part étudier les sciences végétales pendant cinq ans sur le Campus de Minoprio, près du lac de Côme et devient biologiste ; activité qu'il exerce jusqu'en 1986.
Mais son besoin d'exprimer sa créativité artistique étant le plus fort, il décide de suivre la formation diplômante de la Fédération italienne des Fleuristes, Federfiori, et à l'issue de son enseignement, il continue d'apprendre, de composer, de parfaire ses connaissances auprès de grands maîtres de l'art floral tels que Wim Hazelaar, Tor Gundersen, Ben Zion Gil, Gregor Lersch et Mario Sortino. Puis il travaille comme directeur artistique pour la décoration florale de prestigieux événements internationaux, remporte de nombreux prix, et il continue aujourd'hui de développer son activité en effectuant des démonstrations et en donnant des cours d'art floral à travers le monde.
Rudy Casati a le don de combiner, avec une grande délicatesse, les couleurs, les formes et la lumière dans ses créations florales. Il aime mélanger les matières, inventer des structures en utilisant toutes sortes de matériaux qui, mariés au végétal, révèlent une harmonie dans les formes et permettent d'exprimer la beauté de la nature... cette beauté, dit-il, dont nous avons tant besoin aujourd'hui.

Rudy Casati comes from a family that has been involved in plant cultivation for four generations. From an early age, he knew that the world of flowers and plants is where he belongs. He spent five years studying plant sciences at the Minoprio Campus, near Lake Como, and became a biologist, a profession he pursued until 1986.
Driven by his passion for creative expression, he pursued a diploma course offered by the acclaimed Italian Federation of Florists, Federfiori, in order to develop his artistic skills. The completion of this program marked only the beginning of his educational journey as he pursued opportunities to perfect his craft alongside renowned masters of the floral art, including Wim Hazelaar, Tor Gundersen, Ben Zion Gil, Gregor Lersch, and Mario Sortino.
As artistic director, he graces prestigious international events with his floral decorations, which has earned him numerous accolades. Currently, he expands his business by conducting demonstrations and teaching floral art courses worldwide.
Rudy Casati's exquisite floral designs showcase his talent for mixing colours, shapes, and light. His unique approach involves incorporating various materials and inventing structures that, when paired with plants, reveal a harmony of form. Casati's creations are a true reflection of the beauty of nature which he believes we crave for now more than ever.

Tomas De Bruyne

Pour Tomas De Bruyne, travailler avec les fleurs, c'est comme peindre ou jouer de la musique : ce sont des moyens artistiques qui permettent d'exprimer les émotions les plus profondes d'une façon tangible et visuelle. Et la recherche d'harmonie est une constante pour ce designer, qui compose avec la magie, la beauté naturelle des fleurs, l'ombre et la lumière, la continuité et la discontinuité, la douceur et la rigueur afin de toucher le cœur et l'âme de ses clients, de ses élèves et de tous ceux qui ont la chance de s'arrêter sur ses créations.

Tomas De Bruyne a remporté toutes sortes de médailles et de récompenses, dont le titre de Champion de Belgique en 2001. Il est régulièrement sollicité comme conseiller artistique pour différents événements, publics et privés, en Inde et au Moyen-Orient, et intervient à travers la planète afin d'embellir de grandes foires commerciales, des soirées et des défilés de mode. Il est également juge dans des compétitions nationales et internationales d'art floral, donne des conférences et anime des séminaires à travers le monde.

Tomas De Bruyne a, au fil de ces années, développé et construit sa personnalité au plus près des fleurs et de la nature et pour lui, les fleurs renvoient les êtres humains à eux-mêmes, à leur intimité et à leur profondeur. La nature est la forme la plus sincère de vie, elle nous montre la beauté pure dans toute sa simplicité et son honnêteté.

« Tomas De Bruyne » est également le nom d'une variété de Gloriosa, créée et baptisée en son honneur par l'obtenteur néerlandais Richard Van Ruiten, en 2013.

Tomas De Bruyne a publié une quinzaine d'ouvrages sur l'art floral, principalement en néerlandais et en anglais.

For Tomas De Bruyne, working with flowers is like painting or playing music : it is an artistic means of expressing the deepest emotions in a tangible, visual way. The search for harmony is a constant for this designer, who composes with magic, the natural beauty of flowers, light and shadow, continuity and discontinuity, gentleness and rigour, in order to touch the hearts and souls of his customers, his students and all those lucky enough to witness his creations.

Tomas De Bruyne has won all kinds of medals and awards, including the title of Belgian Champion in 2001. He is regularly asked to act as artistic advisor for events, both public and private, in India and the Middle East, and travels the world to decorate major trade fairs, parties and fashion shows. He also judges national and international floral art competitions and gives lectures and seminars around the world.

Over the years, Tomas De Bruyne has developed and built his personality close to flowers and nature, and for him, flowers send human beings back to themselves, to their intimacy and depth. Nature is the sincerest form of life, showing us pure beauty in all its simplicity and honesty.

A Gloriosa variety "Tomas De Bruyne" was developed and named in his honour by Dutch breeder Richard Van Ruiten in 2013. Tomas De Bruyne has published around fifteen books on floral art, mainly in Dutch and English.

Sébastien Dossin

Sébastien Dossin est un architecte paysagiste fasciné par les jardins historiques et passionné par les fleurs. Fleuriste autodidacte au départ, il souhaite améliorer ses qualités techniques et décroche son diplôme de fleuriste quelques années plus tard. Amoureux des fleurs, il ne recule devant aucun défi et a déjà participé à divers concours et grands événements floraux. Ces derniers lui permettent de donner libre cours à son imagination et d'emmener les visiteurs dans un voyage rempli d'émotions. Le respect et l'amour des fleurs, ainsi que la quête éternelle de la beauté, sont ses forces motrices. Il puise son inspiration dans la nature, l'architecture de jardin et les petits bonheurs de la vie. Également passionné de peinture, il est particulièrement sensible aux nuances de couleurs, ce qui se ressent dans ses compositions. Artisan certifié du Royaume de Belgique, il fait de chaque demande et de chaque projet une création unique et personnalisée. En tant que freelance, il propose également des démonstrations, des ateliers et il partage sa passion, sa vision avec d'autres passionnés, professionnels ou amateurs.

Sébastien Dossin is a landscape architect fascinated by historic gardens and passionate about flowers. Initially a self-taught florist, he wanted to improve his technical skills and obtained a florist diploma a few years later. He never shies away from a challenge and has already taken part in several competitions and major floral events. These allow him to give free rein to his imagination and take visitors on an emotional floral journey. Respect and love for flowers, and the eternal quest for beauty, are his driving forces. He draws his inspiration from nature, garden design and life's little pleasures. He also has a passion for painting, and is particularly sensitive to the nuances of colour, which come through in his compositions. A certified craftsman in Belgium, he turns every request and every project into a unique, personalised creation. As a freelance artist, he also gives demonstrations and workshops, and shares his passion and vision with other flower enthusiasts, both professionals and amateurs.

Frédéric Dupré

Originaire de Gien, Frédéric Dupré a tout d'abord poursuivi des études dans le paysage et l'horticulture avant d'arriver à la fleur et de suivre une formation de fleuriste. Il a remporté la Médaille d'Or du Concours des Meilleurs Apprentis de France en 2003, la Coupe de France en 2006, puis le titre de Meilleur Ouvrier de France, catégorie Art Floral en 2011, ainsi que plusieurs compétitions internationales.

Il commence sa carrière dans l'entreprise du célèbre fleuriste parisien Gilles Pothier, puis il s'installe successivement à Orléans, Olivet et Bourges. Désireux de partager ses connaissances, il décide de se tourner vers l'enseignement et parcourt la planète afin d'effectuer des démonstrations et d'animer des cours d'art floral en Asie, en Amérique latine et en Europe.

Attentif à son environnement, ce féru d'art contemporain puise son inspiration dans la nature, où il se promène régulièrement. « Même en livraison, je repère des végétaux au bord de la route. Un feuillage attractif, par exemple, peut faire toute la différence ! » Mais son succès, Frédéric Dupré le doit principalement à son investissement et à son travail.

Le choix des fleurs est important pour lui et tout l'inspire : « il faut s'intéresser à tout, puis on restitue des choses, des émotions à travers une géométrie, une texture, une combinaison de couleurs, etc. La création est comparable à la résolution d'un problème mathématique : il faut procéder pas à pas et résoudre le problème. Bien sûr, il est également important de connaître toutes les techniques, en particulier les techniques internationales, car chaque pays a sa propre sensibilité et son propre style. »

Depuis 2018, Frédéric Dupré fait partie des 20 meilleurs fleuristes influenceurs du monde de l'art floral.

Originally from Gien, Frédéric Dupré studied landscaping and horticulture before turning to flowers and training as a florist. He won the Gold Medal at the Concours des Meilleurs Apprentis de France in 2003, the Coupe de France in 2006, then the title of Meilleur Ouvrier de France in the Floral Art category in 2011, as well as several international competitions. He began his career in the shop of the famous Parisian florist Gilles Pothier, before relocating successively to Orléans, Olivet and Bourges. Keen to share his knowledge, he decided to turn to teaching and travelled the world giving demonstrations and floral art courses in Asia, Latin America and Europe. Attentive to his environment, this contemporary art enthusiast draws his inspiration from nature, where he regularly goes for walks. "Even when I'm out for a delivery, I spot plants by the side of the road. Attractive foliage, for example, can make all the difference! Frédéric Dupré owes his success mainly to his commitment and hard work.

The choice of flowers is important to him, and everything can be a source of inspiration: "You have to take an interest in everything, and then you recreate things and emotions through geometry, texture, colour combinations and so on. Creating is like solving a mathematical problem: you have to go step by step and solve the problem. Of course, it's also important to know all the technical aspects, especially the international floral design techniques, because each country has its own sensibility and style."

Since 2018, Frédéric Dupré has been one of the top 20 influencer florists in the world of floral art.

Max Hurtaud

Dès son plus jeune âge, Max Hurtaud est attiré par le monde du végétal et ne s'en est jamais défait. Véritable Rochelais, il est fier de sa ville natale, un lieu entre terre et mer.

Après six années d'études d'art floral dans le sud-ouest de la France, ayant obtenu le titre de maître-artisan fleuriste, il vagabonde en Angleterre, puis en Allemagne, puis s'installe à Bruxelles, en Belgique.

De fil en aiguille, et par ses rencontres, il voyage partout dans le monde, que ce soit pour des expositions, événements, démonstrations, workshops et concours.

Quelques moments marquants de sa carrière :

2016 : Médaille de bronze au Championnat de Belgique Junior

2019 : 7ème au concours international World of Floral Art à Pékin (Chine)

2019 : Médaille d'or au concours international Huis Ten Bosch à Nagasaki (Japon)

2020 : Médaille de bronze au Championnat de Belgique

2021 : Fleurissement du parlement fédéral de Belgique pour la fête du Roi

En 2022, il a atteint le top 35 mondial des fleuristes les plus prometteurs de moins de 35 ans.

Une fleur, une pensée, une musique ou une œuvre peuvent être le point de départ de nombreuses heures de conception dans le but de faire naître l'émotion. C'est à travers l'harmonie et l'éclectisme que sa passion s'exprime, une soif de découverte pour aller toujours plus loin et donner le meilleur de lui-même...

Basé en Belgique, entre les Pays-Bas et la France, il peut trouver les meilleurs matériaux, tout en restant proche de ses racines.

Aujourd'hui spécialisé dans la formation de tous niveaux et dans la décoration événementielle, sa mission est de susciter l'émotion et l'émerveillement.

From an early age, Max Hurtaud has been drawn to the world of plants, and has never lost interest. A true native of La Rochelle, he is proud of his hometown, a place between land and sea. After 6 years studying floral art in the southwest of France, having obtained the title of master florist, he wandered around England and Germany, before settling in Brussels, Belgium. One thing led to another, and through his encounters, he travelled all over the world, taking part in exhibitions, events, demonstrations, workshops and competitions.

A few highlights from his career :

2016 : Bronze medal at the Belgian Junior Championship

2019 : 7th at the World of Floral Art international competition in Beijing (China)

2019 : Gold medal at the Huis Ten Bosch international competition in Nagasaki (Japan)

2020 : Bronze medal at the Belgian Championship

2021 : Flowering of the Belgian federal parliament for King's Day

In 2022, he made it into the world's top 35 most promising florists under 35.

A flower, a thought, a piece of music or a work of art can be the starting point for many hours of creativity aimed at evo-king an emotional response. It is through harmony and eclecticism that his passion is expressed, a thirst for discovery, to go further and give the best of himself...

Based in Belgium, between the Netherlands and France, he can find the best materials, while remaining close to his roots. Nowadays he specialises in teaching (for all levels) and in event decoration. His floral art is designed to arouse emotion and amazement.

Pascal Mutel

Pour Pascal Mutel, le design floral est avant tout un art vivant où la fleur, sans cesse en mouvement selon les saisons, reflète les sentiments et nos intentions. En plus de vingt ans, Pascal Mutel a su imposer son style en devenant une référence dans la création de bouquets et de décors floraux. Il a réussi à dynamiser un métier un peu assoupi pour faire de chaque composition un moment privilégié du quotidien, « un moment de réenchantement ». En 2005, Pascal Mutel crée le design floral et soigne, avec la même importance, le contenant et le contenu. Il invite tous les amateurs de bouquets à découvrir un nouveau langage des fleurs où les couleurs, les textures et les formes s'associent pour créer de nouveaux objets floraux totalement inédits. Grâce à son savoir-faire et à une approche haut de gamme, Pascal Mutel accompagne ses clients dans l'élaboration de manifestations et habille, au quotidien, les lieux de réception les plus intimes aux plus spectaculaires, à Paris et partout dans le monde. Pascal Mutel propose également des cours de design floral destinés aux particuliers et aux professionnels. Il est Président de la Chambre Syndicale des Fleuristes d'Île-de-France et de l'École des Fleuristes de Paris.

For Pascal Mutel, floral design is above all a living art, in which the flower, constantly changing with the seasons, reflects our feelings and intentions. Over more than twenty years, Pascal Mutel has established his style as a benchmark for the creation of bouquets and floral decorations. He has succeeded in revitalising a somewhat sleepy profession, making each composition a special moment in everyday life, "a moment of re-enchantment". In 2005, Pascal Mutel created floral designs, placing equal importance on both the container and the content. He invites all bouquet lovers to discover a new language of flowers, where colours, textures and shapes combine to create totally new floral objects. Thanks to his expertise and top-of-the-range approach, Pascal Mutel is able to help his customers plan their events and dress the most intimate to the most spectacular of reception venues, in Paris and all over the world. Pascal Mutel also offers flo-

ral design courses for individuals and professionals. He is President of the Chambre Syndicale des Fleuristes d'Île-de-France and the Ecole des Fleuristes de Paris.

Julian Paris

L'univers de Julian Paris respire la sensibilité et l'émotion. Le langage des fleurs rime avec passion. Les tons pourpres et roses caressent le regard, le sentiment exulte et défie le hasard. Pour Julian Paris l'art floral est une évidence, à la recherche de vérité, expression ultime et empire des sens. L'écouter parler de son métier est une expérience à vivre, un moment en suspension où le fleuriste se livre. Pénétrer dans sa boutique est une invitation au voyage, dans une ambiance feutrée, au milieu des fleurs et des feuillages. En mai 2003, à seulement 27 ans, il ouvre les portes de sa boutique à Paris. Issu lui-même de cinq générations de fleuristes, il a à cœur de proposer à sa clientèle un savoir-faire et une marque de fabrique qui lui sont propres, dans un univers qui ne ressemble à aucun autre. Titulaire de la coupe de France des fleuristes, remportée au début des années 2000, Meilleur Ouvrier de France, il travaille le végétal en le valorisant de manière organique et singulière. Le créateur aime jouer avec les textures et les couleurs des fleurs qui composent ses bouquets, cultivant ainsi à la perfection tradition et innovation. Il aime les fleurs comme il aime la vie, en particulier les renoncules et les graminées.

The world of Julian Paris exudes sensibility and emotion. The language of flowers is synonymous with passion. Crimson and pink tones caress the eye, feelings exult and defy chance. For him, floral art is an obvious pursuit of truth, the ultimate expression of the world of the senses. Listening to him talk about his craft is an experience to be savoured, a moment in suspension in which the florist reveals himself. Stepping into his shop is an invitation to travel, in a hushed atmosphere surrounded by flowers and foliage. In May 2003, aged just 27, he opened the doors of his Parisian boutique. A descendant of five generations of florists, he is determined to offer his customers his own expertise and trademark style. Winner of the Coupe de France for florists in the early 2000s, and Meilleur Ouvrier de France, he works with plants in an organic and unique way. The designer loves to play with the textures and colours of the flowers that make up his bouquets, nurturing and marrying tradition and innovation in a perfect blend. He loves flowers like he loves life, in particular ranunculus and grasses have a special place in his heart.

Gilles Pothier

Gilles Pothier débute sa carrière à Lyon, dont il est originaire, et reprend un établissement qui deviendra, en quelques années, l'une des adresses emblématiques de la ville. C'est en 1990 qu'il arrive à Paris pour prendre la direction d'une maison parisienne de grand renom « Moreux Fleuriste », dont il conforte la réputation. Gilles Pothier a toujours travaillé avec le souci de l'excellence et a reçu de nombreux prix. En 1994, il est nommé Meilleur Ouvrier de France, grace le plus élevé dans la profession et, en septembre 1997, il remporte le titre de Champion du Monde devant 22 candidats issus de différents pays. Il est encore aujourd'hui le seul Français en exercice à détenir ce titre. Hautement reconnu par ses pairs, il est attentif à la transmission du savoir-faire et est l'auteur de plusieurs ouvrages sur l'art floral. Il a été décoré du titre de Chevalier des Arts et des Lettres par le Ministre de la Culture en juillet 2002 puis il est élevé au rang d'Officier de l'Ordre du Mérite Agricole en janvier 2007.

Gilles Pothier began his career in Lyon, his hometown, where he took over a flower shop that, in just a few years, became one of the city's most emblematic addresses. In 1990, he moved to Paris to take over the management of the renowned Parisian establishment "Moreux Fleuriste", whose reputation he consolidated. Gilles Pothier has always strived for excellence and has received numerous awards. In 1994, he was named Meilleur Ouvrier de France (MOF), the highest rank in the profession, and in September 1997, he won the title of World Champion ahead of 22 candidates from different countries. He is still the only practising French floral designer to hold this title. Highly recognised by his peers, he is keen to pass on his expertise. He is also author of several books on floral art. He was awarded the title of Chevalier des Arts et des Lettres by the French Minister of Culture in July 2002, and was made an Officer of the Ordre du Mérite Agricole in January 2007.

Charline Pritscaloff

Charline Pritscaloff baigne dans le milieu de la fleur depuis 2001. Après avoir remporté plusieurs prix prestigieux dans ce domaine entre 2003 et 2008 et exercé un poste de fleuriste qualifiée sur Paris, elle devient Meilleur Ouvrier de France en 2011. Elle a, depuis, créé sa boutique la même année, puis une seconde en 2016. Ses deux établissements se situent à Orléans, sa ville d'origine. Son activité consiste à réaliser à la fois des créations pour les particuliers et pour les professionnels, pour les petites attentions du quotidien comme pour les grands événements. Charline Pritscaloff et son équipe redoublent d'inventivité et d'investissement dans des projets comme les mariages, les salons, ou encore les décors de Noël pour les commerces orléanais.
En parallèle, Charline Pritscaloff est également ambassadrice des fleurs du Var et démonstratrice florale, aussi bien en France qu'à l'international.

Charline Pritscaloff has been immersed in the world of flowers since 2001. After winning several prestigious awards in the field between 2003 and 2008 and working as a qualified florist in Paris, she became Meilleur Ouvrier de France in 2011. She set up her own flower boutique the same year, followed by a second one in 2016 - both located in Orléans, her home town. Her business consists of making creations for both private individuals and professionals, from small everyday floral touches to major events. Charline Pritscaloff and her team are particularly inventive and committed to projects such as weddings, trade fairs and Christmas decorations for local businesses.
At the same time, Charline Pritscaloff is an ambassador for the flowers of the Var and a floral demonstrator, both in France and abroad.

École Nationale des Fleuristes de Paris

Créée en 1950, l'École Nationale des Fleuristes de Paris a été la première école en France à former des jeunes au CAP de fleuriste sous contrat d'apprentissage.
Ses dizaines d'années d'expérience et plus de 400 élèves formés chaque année, permettent à l'École Nationale des Fleuristes de Paris de se présenter comme le plus important centre de formation européen à l'art floral.
Elle est membre fondateur du réseau européen d'écoles de fleuristes FLORNET, composé de 23 écoles d'art floral réparties dans 13 pays de l'Union européenne. Grâce à ce réseau, des séjours professionnels à l'étranger sont organisés chaque année pour plus de 100 apprentis.
L'École Nationale des Fleuristes de Paris, dirigée par Vincent Dinet, propose un cursus complet du CAP au Brevet de Maîtrise, des stages de reconversion ouverts à tout public et elle accueille régulièrement des stagiaires étrangers. La qualité de la formation est attestée par la participation de Meilleurs Ouvriers de France (MOF) aux cours d'art floral.

Established in 1950, the École Nationale des Fleuristes de Paris was the first school in France to train young people to obtain the Florist CAP under an apprenticeship contract.
With decades of experience and over 400 students trained each year, the École Nationale des Fleuristes de Paris is Europe's leading training centre for floral art.
The school is a founding member of the FLORNET European network of florist schools, made up of 23 floral art schools in 13 European Union countries. Thanks to this network, professional stays abroad are organised every year for more than 100 students.
The École Nationale des Fleuristes de Paris, directed by Vincent Dinet, offers a complete curriculum from CAP to Brevet de Maîtrise, as well as retraining courses open to all, and regularly welcomes foreign students. The quality of the education provided is attested to by the involvement of Meilleurs Ouvriers de France (MOF) in the floral art courses.

*L*es collections végétales

Le Domaine de Chaumont-sur-Loire est classé « Jardin remarquable » depuis 2009 et a vu naître, au fil des années, de nouvelles variations et métamorphoses : que l'on songe aux roseraies pâles et parfumées disposées en arceaux près des restaurants, aux tulipes et narcisses de couleur pastel plantés par milliers, aux jardins interstitiels du Festival, aux jardins monochromes bleus et violets, une attention particulière est attachée aux effets d'ensemble, aux aplats de couleurs et à la dimension picturale des plantations.

Mais le Domaine de Chaumont-sur-Loire n'est pas seulement le théâtre de jardins esthétiques ou éphémères, il a partie liée avec toutes les temporalités du jardin : le temps court des jardins du Festival, mais aussi le temps long des grands parcs et l'évocation de l'histoire des lieux. En effet, à travers les correspondances qu'ils échangent avec le régisseur du Domaine, le prince et la princesse de Broglie, derniers propriétaires privés du Château, se révèlent être de grands amateurs de plantes. À la fin du XIXème siècle, ils demandent au célèbre paysagiste Henri Duchêne de créer des serres, une orangerie et un grand jardin d'hiver dans lequel ils entretiennent des collections végétales, qui seront primées dans les plus prestigieux concours horticoles de l'époque. Le Domaine de Chaumont-sur-Loire étant un lieu chargé d'histoire dédié à la nature et à la création, il nous a paru important d'enrichir les Prés du Goualoup et certains espaces du Festival International des Jardins avec des collections végétales, véritables bibliothèques vivantes d'espèces botaniques et de variétés horticoles, qui devraient permettre aux visiteurs de découvrir et de cultiver des plantes nouvelles ou étonnantes.

The Plant Collections

The Domain of Chaumont-sur-Loire has been listed as a "Remarkable Garden" (Jardin remarquable) since 2009 and has seen many new variations and metamorphoses over the course of the years: whether it's pale pink scented rosebushes arranged in arches near the restaurants, pastel-hued tulips and daffodils planted by the thousand, the Festival's interstitial gardens or blue and purple monochrome gardens, close attention is always paid to the overall effect, to solid colours and the pictorial aspects of plant life.

But the Domain of Chaumont-sur-Loire isn't just a setting for aesthetic and ephemeral gardens, it's invested in all garden timeframes: the short time allotted to the Festival's gardens, the long life of its magnificent grounds, and evocation of the history of the site. The correspondence between the Domain's steward and Prince and Princess de Broglie, the Château's last private owners, shows them to have been great plant lovers. In the closing years of the nineteenth century, they asked the famous landscaper Henri Duchêne to create greenhouses, an orangery and a large winter garden, in which they maintained plant collections that went on to be rewarded in the era's most prestigious horticultural competitions.

As the Domain of Chaumont-sur-Loire is steeped in history dedicated to nature and creation, it seemed important that we enrich the Prés du Goualoup and various of the International Garden Festival's areas with plant collections, true living libraries of botanical species and horticultural varieties that should enable visitors to discover and grow new and astonishing plants.

Colophon

Textes / *Texts*
Chantal Colleu-Dumond

Compositions florales / *Floral designs*
Makoto Azuma
Clarisse Béraud
Timo Bolte
Rudy Casati
Tomas De Bruyne
Sébastien Dossin
Frédéric Dupré
Max Hurtaud
Pascal Mutel
Julian Paris
Gilles Pothier
Charline Pritscaloff
École Nationale des Fleuristes de Paris

Photographies / *Photography*
Eric Sander
Leighton Gough : pp 34, 35, 37, 38, 39

Concept
Jaak Van Damme

Coordination éditoriale
Karel Puype
Claire Ulmann
Elizabeth Mettling

Mise en page / *Layout*
www.groupvandamme.eu

Edité par / *Published by*
Stichting Kunstboek bv
www.stichtingkunstboek.com

Printed in the EU

ISBN 978-90-5856-713-0
D/2023/6407/12
NUR 421